ÉMILE GUIMET

CINQ JOURS A DRESDE

RELATION DE LA GRANDE

FÊTE DES CHANTEURS

DU 22 AU 26 JUILLET 1865

LYON

CHARLES MÉRA, LIBRAIRE

1866

CINQ JOURS A DRESDE.

Impr. d'A. Vingtrinier, rue Belle-Cordière, 14.

EMILE GUIMET.

CINQ JOURS A DRESDE

RELATION DE LA GRANDE

FÊTE DES CHANTEURS

DU 22 AU 26 JUILLET 1865.

LYON

CHEZ CHARLES MÉRA, LIBRAIRE.

1865

CINQ JOURS A DRESDE.

Juillet 1865

I.

Le chant choral est, en Allemagne, une véritable institution nationale. La musique, qui est une distraction pour nous, est un devoir pour les Allemands; ils ont le culte du chœur pour voix d'hommes, et ils savent réserver aux *Fêtes de chanteurs* l'éclat le plus brillant et l'enthousiasme le mieux senti.

Déjà de grandes réunions chorales avaient eu lieu dans les principales villes de la Confédération ; les Sociétés musicales d'un même dictrict avaient organisé d'immenses concerts où, toutes ensemble, elles chantaient des chœurs appris pour la circonstance ; puis ces dictricts s'étaient formés en association et l'on avait imaginé des fêtes, où l'on rassemblait les associations de chanteurs (sangerbundes) pour une colossale exécution musicale.

De ces réunions étaient résulté un tel progrès pour les ensembles de voix, une telle fusion des esprits, une telle exaltation patriotique et unitaire, que l'on conçut la pensée de donner un grand festival où seraient appelés non seulement les chanteurs d'un même royaume, mais tous les peuples qui s'expriment ou qui ont la prétention de s'exprimer en allemand.

La ville de Dresde fut désignée pour être le théâtre de cette grande manifestation artistique. Cette gracieuse et noble cité, harmonieusement couchée sur les bords de l'Elbe, était bien faite pour faire ressortir le grandiose d'une telle fête. De plus, l'espace réservé aux rues, places et boulevards de cette grande ville, la beauté des jardins qui la traversent et l'entourent, et surtout l'aménité proverbiale de ses habitants, tout enfin promettait aux chanteurs allemands une hospitalité dont le souvenir ne devait pas s'effacer.

Le comité organisateur de la fête, présidé par le docteur Held, se mit à l'œuvre avec courage. Son premier soin fut de faire construire une salle gigantesque destinée à contenir 60 à 100 mille personnes tant musiciens qu'auditeurs. Puis il envoya des invitations à toutes les Sociétés chorales de l'Allemagne. Les colonies allemandes reçurent aussi leurs invitations ; la France ne fut pas oubliée et les Allemands établis à Paris et à Lyon furent également prévenus de la fête et engagés à y prendre part.

La *Cœcilia* (Cercle choral allemand de Lyon) résolut d'y envoyer une députation, la plupart de ses membres ne pouvant s'absenter, et, le 19 juillet, les membres de la députation lyonnaise partaient pour Dresde en passant par la Suisse.

Les envoyés Lyonnais étaient au nombre de quatre : M. Waitz, directeur de la *Cœcilia* ; M. Sponholz, porte-bannière ; M. Gœrner, professeur de l'Orphéon de Neuville, et l'auteur de cette relation qui avait été chargé de représenter aussi la plupart des Sociétés musicales de Lyon.

Le 19 au soir, nous couchions à Neuchâtel. Le lendemain, après avoir manqué cinq ou six trains qui se correspondaient mal, nous traversions Soleure, Bâle, Rastadt, où nous avions assisté à un si beau festival il y a un an, et Carlsruhe. A minuit notre train s'arrêtait à Heidelberg. Trois heures après, nous repartions pour Francfort, et déjà le convoi se peuplait de Sociétés chorales ; le long du chemin, des accords sonores partaient des voitures et à chaque station un cri formidable jaillissait de toutes les poitrines : « Bier ! ! » s'écriait-on; et les canettes de bière circulaient de main en main, formant une chaîne depuis le buffet jusqu'aux chanteurs ; il fallait bien éteindre ce grand incendie allumé dans les gosiers par l'enthousiasme, les chants patriotiqnes et 30 degrés de chaleur.

A Francfort, changement de train, changement de gare; il y a un peu de confusion aux bagages, on s'en tire tout de même et l'on repart pour Gantershausen, près Cassel, où il faut encore changer de train non sans encombre. Le voyage continue, nous traversons des villages au milieu d'une haie de braves habitants accourus sur la voie pour nous acclamer et nous souhaiter bon voyage. Gotha, Weimar se présentent à nos yeux et nous arrivons à huit heures du soir à Leipzig où nous attendent les membres de la *Teutonia* (Cercle allemand de Paris).

La soirée se passe dans un charmant jardin illuminé d'une manière féerique ; une excellente fanfare militaire dirigée par

Bénédix, exécute des transcriptions de chants nationaux qui sont répétés en chœur par la foule ; la surexcitation commence, un monsieur déclame des vers faits pour la circonstance ; on répond par des discours ; la foule entière entonne des chœurs de Mendelsohn et, après avoir ingurgité des fleuves de bière, on va se coucher.

Je passe une nuit affreuse avec un malaise indéfinissable et une fièvre de cheval. On m'apprend le lendemain que c'est la fièvre de bière ; c'est un tribut que tout novice doit payer lorsqu'il fait ses premières armes avec la succulente boisson allemande. Je me tiens pour averti.

II.

Le 22 au matin, nous quittons Leipzig
et la ville tout entière part avec nous. Un
courant de population s'écoule tranquillement par toutes les rues et vient aboutir à
la gare de Dresde. Il est bon ici de constater
que, s'il n'y a ni encombrement, ni dispute,
cela vient des excellentes mesures que prennent les compagnies de chemin de fer. Elles
suppriment complètement les salles d'at-
tente, qui, comme des réservoirs trop pleins,
débordent à un moment donné et produisent
des bousculades désastreuses. Chaque So-

ciété a son wagon réservé avec une large pancarte portant le nom de la Société; le public se place dans les voitures à mesure qu'il arrive; puis, quand le convoi est rempli, l'on part, et des contrôleurs de route font payer les voyageurs qui n'ont pas pris leurs billets d'avance; de plus, au lieu d'avoir, comme en France, dix minutes pour donner des billets à 5,000 personnes, chacun peut prendre sa carte un jour d'avance, et avec cette simple précaution on évite les accidents souvent graves qui ont lieu aux guichets des chemins de fer les jours de grandes fêtes.

La foule, au bout du compte, est un liquide dont chaque homme forme une molécule; il faut la diriger, faciliter son écoulement et éviter le système des digues et

des barrières qui n'amènent que des catas-
trophes.

A onze heures à peu près, les députations parisiennes et lyonnaises, accompa-
gnées de toutes les Sociétés venues dans
le même train, faisaient leur entrée dans la
ville de Dresde, bannières déployées, musique en tête et escortées par les étudiants
de Leipzig (Pauliners) l'épée au poing.

Dire que la ville était décorée et pavoisée
ne donnerait aucune idée des ornements
ingénieux dont chaque maison, chaque rue
était parée; les maigres drapeaux tricolores
que nous mettons en France à nos fenêtres
les jours de gala, les guirlandes de buis que
nous suspendons à nos maisons pour nos
fêtes éphémères, ne rendent en aucune
façon l'impression que produisaient les rues

de Dresde préparées pour la Grande Fête des chanteurs.

Plusieurs années avaient été employées à organiser la réception des Sociétés; la décoration de chaque maison avait été longuement méditée; on avait mis à profit tantôt le style de l'architecture, tantôt tel ou tel souvenir historique; comme il s'agissait de recevoir les chanteurs de quarante nations différentes, toutes les couleurs de l'arc-en-ciel étaient employées et chacune avait sa signification spéciale; d'immenses oriflammes rouges, noires et or, fixées aux toits des maisons, flottaient jusqu'à terre et représentaient les couleurs de l'Allemagne unitaire; les Allemands, toujours amoureux des formes héraldiques, avaient utilisé tous les emblèmes possibles, et chaque façade était un livre où l'on pouvait déchiffrer les sympathies particulières du propriétaire. Lorsqu'une maison avait été habitée par quelque personnage célèbre, le fait était mentionné sur des transparents, et une promenade attentive dans la ville mettait l'étranger au courant des particularités les plus curieuses de son histoire. En somme, les édifices disparaissaient sous les guirlandes, les fleurs, les festons et les bannières qui les couvraient depuis le haut jusqu'en bas. Les nuances les plus vives éclataient aux yeux ; tout flottait, tout resplendissait, tout scintillait, et l'âme devenait joyeuse devant ces préparatifs éblouissants.

Le parcours de la gare à l'Hôtel-de-Ville fut une ovation. A chaque fenêtre des mouchoirs s'agitaient, des vivats éclataient et les chanteurs, émus de cet accueil, répondaient par de vigoureux hourras aux bravos des habitants.

A l'Hôtel-de-Ville, le vin d'honneur fut offert aux nouveaux arrivés, après un discours chaleureux prononcé par un des membres du comité organisateur; un énorme vidrecome en argent ciselé, rempli d'un vin généreux, passa de main en main et de bouche en bouche, et par cette sorte de communion les cœurs s'unissaient.

Puis, chaque chanteur reçut un élégant billet de logement où se trouvait l'adresse de son hôte. Les chanteurs devaient être nourris et logés aux frais des habitants, et cette hospitalité s'est exercée avec une cordialité et un dévoûment vraiment touchants.

On avait tâché autant que possible d'assortir les logeurs avec les logés. Mais il arriva que, quelques jours avant la fête, le président de la commission de séjour tomba malade; son successeur, harrassé par la fatigue, se mit au lit, le jour même de l'arrivée des Sociétés; il en résulta un certain désarroi et quelques quiproquos. On raconte l'histoire d'un bon paysan de la Thuringe qui fut adressé à M. le comte de ***. Le pauvre homme, ébloui par des appartements dont le luxe l'effrayait, gêné par les cérémonies de son hôte et par les révérences de Mme la comtesse et de ses charmantes filles, interloqué par la tenue des domestiques.... perd la tête, fait maladresse sur maladresse et se sauve comme un voleur pour aller supplier le comité de le loger dans une maison plus en rapport avec ses habitudes.

La députation lyonnaise, par suite d'erreurs semblables, fut logée aux quatre points cardinaux de la ville, et l'on se souvient qu'elle ne se composait que de quatre personnes. Du reste, il n'y a pas le moindre regret à formuler à cet égard, car chacun de nous a trouvé un hôte si aimable, si complaisant et si affectueux, que c'est avec un vrai chagrin que l'on s'est séparé, quand il a fallu reprendre le chemin de la France.

Une fois installés dans nos logements respectifs, nous allâmes entendre des répétitions partielles qui avaient lieu dans différentes salles de concert; c'étaient les associations de districts et de royaumes qui préludaient à la grande exécution du lendemain.

A six heures du soir, toutes les bannières qu'on avait entreposées à l'Hôtel-de-Ville furent transportées processionnellement dans la grande salle construite pour la fête. Ce défilé nous donna un avant-goût du grand cortége qui devait avoir lieu le surlendemain ; la foule se pressait sur le parcours des drapeaux et acclamait surtout les bannières d'association et des députations les plus lointaines. Inutile de dire que les bannières françaises eurent le succès du défilé, et c'était avec épanchement qu'on criait : « Vive Paris ! Vive Lyon ! Vive la France ! » et en français, s'il vous plaît.

Le *Sœngerhalle* (salle de chanteurs), qu'on avait construit pour la fête, est un énorme palais quadrilatéral entièrement fait en bois ; c'est un chef-d'œuvre de charpente ; des tourelles élégantes s'élèvent tout autour et quatre grosses tours carrées et percées à jour ornent les angles de l'édifice. On a rompu la monotonie des lignes horizontales par des escaliers extérieurs qui sont d'un aspect assez grandiose. Le bâtiment a 300 mètres de long sur 100 mètres de large, et l'on comprend qu'aucune poutre, aucun système de charpente en fer ne pouvaient supporter le toit de la salle ; aussi on a eu l'idée ingénieuse d'établir, au-dessus de l'édifice, un système de câbles en fer analogues à ceux qui soutiennent les ponts suspendus et qui, appuyés sur les solides et élégantes tourelles dont j'ai parlé, vont chercher leur point d'appui dans la terre, à 20 mètres du monument, et, au moyen de câbles verticaux, supportent toute la toiture. Il est facile de

se figurer qu'un palais tout en sapin et dont
on a supprimé les charpentes intérieures
qui pourraient contrarier le son, se trouve
dans des conditions acoustiques exception-
nelles.

Les vitres ont été remplacées par des
stores en toiles peintes, qui représentent
d'une manière allégorique les nations de
l'Allemagne, ses grands fleuves et les por-
traits de ses plus célèbres compositeurs.

L'édifice destiné à servir pendant la belle
saison a été construit à claire-voie, ce qui
fait que les conditious d'aération sont excellentes. De plus, il peut se démonter et se
transporter partout où on aura besoin de
lui.

Vu la matière inflammable de ce palais,
on avait, pour éviter tout accident, établi

tout autour des escouades de pompiers, la pompe en arrêt.

Intérieurement, la salle se partage en deux parties égales, l'une disposée en gradins, destinée aux chanteurs, l'autre horizontale, affectée au public. C'est ordinairement le contraire que nous faisons en France : les spectateurs se placent sur les gradins, parce qu'ils veulent voir, et les chanteurs sont disposés sur une scène horizontale, ce qui fait qu'ils se chantent dans le dos les uns des autres ; il ne faut pas un grand effort de réflexion pour comprendre combien, au point de vue musical, la disposition allemande est préférable. Au centre, une espèce de chaire, élevée de six mètres au-dessus du sol, permet au directeur d'être aperçu de tous les points de la salle.

Tout autour de la salle sont disposés des buffets, et, indépendamment de tous les appartements réservés aux différents comités de la fête, on trouve, dans le monument même, un bureau de poste et un bureau de télégraphie privée. Il n'y a qu'une chose qu'on ne trouve pas dans cet établissement conçu pourtant d'une manière si pratique... Que voulez-vous? c'est un oubli!.... mais il est étonnant qu'en réservant la place de vingt buffets on n'y ait pas pensé.

Le *Sœngerhalle* est admirablement placé sur les bords de l'Elbe, au pied d'une verte colline dominée par la célèbre brasserie de *Waldschlœsschen*. Tout autour du palais de bois, qui resplendit au soleil couchant des peintures vives qui le décorent et des éclatantes oriflammes qui le couronnent, on a construit une véritable ville de restaurants et de *trinkhalles* (buvettes), établissements colossaux qui ne désemplissent pas un instant, durant les cinq jours de fête.

Les bannières furent disposées tout autour de la salle à l'intérieur. On en comptait huit cents.

A huit heures, un discours fut prononcé pour souhaiter la bienvenue aux chanteurs, et je fus frappé de la facilité avec laquelle l'orateur se faisait entendre, même dans les endroits les plus éloignés de la salle ; cela venait à la fois de la bonne disposition de l'acoustique, de l'attention de l'auditoire et de la sonorité de la langue allemande.

Puis, un chœur composé et dirigé par F. Reichel fut exécuté par les chanteurs de

Dresde. L'effet en était fort imposant. Alors le programme fut rempli par des exécutions de musiques militaires et par des ensembles de différentes associations chorales.

Le public était, ce premier soir, relativement peu nombreux; aussi on avait disposé les bancs de telle façon que de trois en trois ils pouvaient s'élever au-dessus du sol au moyen de pieds à coulisse et devenir des tables, de sorte que la salle était une façon de café-concert. Mais il ne faut pas se figurer pour cela le brouhaha des Champs-Elysées ou de l'Alcazar; l'Allemand sait consommer avec dignité et recueillement. Des garçons se promenaient silencieusement, portant des plateaux chargés de rafraîchissements, et chacun d'eux avait en grosses lettres sur la poitrine le nom de ce qu'il pouvait vendre. Quant aux prix, ils étaient généralement connus, et c'était sans bruit que les estomacs des auditeurs trouvaient à se satisfaire.

Pour simplifier les échanges de monnaie qui, en Allemagne, sont très-laborieux; pour que les Prussiens, les Bavarois, les Autrichiens, les Saxons, etc., qui comptent les uns par *groschen*, les autres par *pfenning*, les autres par *kreutzer*, d'autres par *thaler* ou par *florins*, pour que tous ces peuples ne fussent pas embrouillés par ces variétés monétaires, on les avait tout simplement supprimées et remplacées par une monnaie spéciale, frappée pour la fête, et qui était à la portée de tous les chanteurs.

Les pièces de monnaie de différentes grosseurs portaient d'un côté l'aigle allemand avec ses deux têtes et ses plumes ébouriffées et de l'autre des notes de musique ; la *blanche* valait *un*, la *ronde* valait *deux* et ainsi de suite ; une mesure à quatre temps correspondait à la valeur d'un verre de bière ; pour deux mesures et demie on avait un beefsteak. Quand on n'avait pas de monnaie, les plaisants prétendaient que l'on n'avait que des *pauses* et des *silences*. L'expérience a démontré que cette monnaie est excessivement plus commode que toutes les autres monnaies allemandes, ce qui n'empêche pas que, malgré cet essai si réussi, les États de la Confédération se garderont bien d'adopter l'unité monétaire qui, pendant cinq jours, a régné à Dresde.

Le concert se prolongea assez avant dans la nuit ; mais, afin de réparer les fatigues

du voyage, nous n'attendîmes pas la fin
pour aller nous reposer.

III.

Le lendemain (dimanche 23), à cinq
heures du matin, toutes les musiques militaires de la Saxe parcouraient la ville en
tous sens, faisant retentir l'air de marches
éclatantes, composées exprès avec les motifs
les plus populaires des chansons allemandes.
Il s'agissait de réveiller les chanteurs, afin
qu'ils ne manquassent pas la grande répétition, qui devait avoir lieu à six heures
dans le *Sœnger-halle*.

La répétition eut lieu à l'heure indiquée ;

les chanteurs formaient un ensemble des plus imposants. Chaque chœur était dirigé par le compositeur lui-même, et quand il avait une observation à faire, ce n'était qu'au moyen d'un porte-voix qu'il pouvait se faire écouter par tous les musiciens. Plusieurs chœurs étaient accompagnés par un orchestre de cuivre de 200 exécutants; les ritournelles étaient formidables et pourtant, quand les voix attaquaient, on n'entendait plus les instrumentistes; c'est que 21,000 gosiers ont une puissance de sonorité qui écrase tout, sans produire cependant aucun de ces sentiments désagréables que fait ressentir une musique trop bruyante. Du reste, les instruments de cuivre occupent dans l'échelle des sons la même place que les voix d'homme, et lorsqu'on les emploie avec sobriété, le tout s'harmonise parfaitement. Les bugles en mi bémol et si bémol dans les notes aiguës dépassent quelquefois les ténors et donnent l'impression de belles voix de soprani; j'ai même remarqué plusieurs morceaux où le compositeur les avait traités comme des voix d'enfants, en écrivant très-purement leurs parties, de manière à ce qu'elles fissent une harmonie complète avec les ténors et les basses.

Après la répétition, la foule des chanteurs se répandit dans tous les établissements installés autour du *Sœngerhalle* pour étancher la soif incessante et pour calmer l'appétit toujours renaissant des invités de Dresde. Et à ce propos il ne faut pas croire que les Allemands mangent ou boivent beaucoup plus que nous; ils ont une manière différente de s'y prendre. Tandis que nous faisons des repas copieux et à heures fixes, nos voisins d'outre-Rhin mangent quand ils ont faim, peu à la fois, à tout moment, et lorsqu'ils n'ouvrent pas la bouche pour chanter ou pour discourir, ils l'ouvrent pour se substanter ; mais si l'on voit les Allemands avoir, à tout bout de champ, la chope à la main et la fourchette aux dents, on aurait tort d'en conclure qu'ils sont uniquement préoccupés des idées ma térielles ; ils se donnent le temps de vivre, voilà tout ; le calme et le raisonnement qu'ils apportent dans leur nourriture, ils le mettent dans toutes leurs actions et nous laissent, avec notre caractère actif, n'en treprendre les choses que pour avoir le plaisir de les terminer au plus tôt.

On m'a dit que l'on avait fait faire 100,000 verres à bière pour la fête; j'ai pris mes informations, et ce n'est qu'un seul établissement qui avait fait cette commande; jugez du reste.

Le linge de table avait été remplacé par des serviettes en papier doux, analogues aux essuie-bouche de la Chine, sur lesquelles on avait imprimé des vues du Sængerhalle. On pouvait mettre sa serviette dans sa poche et l'emporter; on était même prié de le faire, pour qu'elle ne pût servir à d'autres.

A trois heures, une cérémonie imposante se préparait devant la façade de la grande salle. On allait inaugurer la bannière de l'Association chorale de toute l'Allemagne. Cette scène a ému tout le monde, et la plupart des personnes venues à la fête ont trouvé que c'en avait été le plus beau moment. Je dois avouer en toute humilité que cette manifestation m'a laissé froid. De superbes discours ont, il est vrai, été prononcés par les premiers orateurs de l'Allemagne, mais ces messieurs s'exprimaient, comme de juste, dans leur langue maternelle que je ne comprends presque pas, et leurs paroles convaincues, ardentes, passionnées qui soulevaient la foule, entraient dans mes oreilles sans pénétrer jusqu'à mon intelligence. De magnifiques chœurs ont été chantés, j'en conviens ; mais, en plein air, ces masses chorales manquaient d'ensemble, et, malgré le grand talent de Tschirch, de Becker, l'auteur de la célèbre *chapelle* et de Langer qui les dirigeaient, c'est la

seule partie de la fête que j'aie trouvée
faible.

Cent jeunes filles, vêtues de blanc et couronnées de chêne, emblème de l'Allemagne
forte et philosophique et portant par le fait
les couleurs de la Saxe, vert et blanc, pré-
sidaient à la fête et formaient, sans contre-
dit, un coup d'œil plus gracieux que celui
qu'offre l'habit officiel de nos dignitaires
français présidant à nos solennités populaires.

J'ai été frappé de la quantité de sténo-
graphes qui écrivaient les discours, et j'ai
appris qu'à Dresde on cultive la sténogra-
phie presque autant que l'écriture ordinaire.
Il paraît que c'est une étude très-facile, et
ceci m'explique pourquoi les autres nations
la négligent, car ordinairement les idées

simples sont les plus difficiles à répandre.

Immédiatement après l'inauguration de la bannière eut lieu un grand concert, où l'on exécuta quatorze grands chœurs ; Faitz, J. Otto, C. Schuppert, Fr. Abt, Krebs et J. G. Müller dirigèrent les chœurs de leur composition ; Faitz dirigea, en outre, les chœurs de Mendelsohn, Schneider et Marschner dans la première partie du concert, et Krebs dirigea les chœurs de Silcher, Zœllner et Lachner dans la seconde partie.

L'ensemble a été presque toujours très-émotionnant ; ce n'est pas de sang-froid qu'on peut écouter ce grand nombre de voix vibrant en accords. Il faut remarquer que les chœurs rapides sont beaucoup plus difficiles à exécuter par des masses et que les chœurs à mouvement lent sont d'un effet assuré; les nuances étaient fort bien rendues et les *piano* faisaient toujours plus d'impression que les *forte*; les *fortissimo* ne sont pas connus des chanteurs allemands, et l'on ne peut que les en féliciter; il est rare qu'on obtienne cet effet sans crier; or, le cri détruit l'édifice de l'harmonie et fait, de plus, naître une quantité de sons additionnels dans les cordes hautes du tympan; de là la cacophonie. Les soli étaient faits par 200 chanteurs pris dans les Sociétés de Gotha, de Rudolphstadt, Nüremberg et Würtzbourg.

Un chœur très-simple, de Silcher, a obtenu les honneurs du bis; il a pour sujet un soldat marchant à la mort. Un chœur, de Zœllner, a été complètement manqué; la moitié des chanteurs était en retard d'un temps sur l'autre moitié; ce fut un grand désappointement pour le public; mais Krebs, qui tenait le bâton, fit bravement recommencer le morceau tout entier, et il fut alors enlevé avec un entrain, une précision et un enthousiasme qui firent frémir la salle entière. A la fin du chœur, j'ai cru que les applaudissements ne pourraient plus cesser, car les chanteurs eux-mêmes applaudissaient Krebs qui fut rappelé plusieurs fois.

Sa Majesté le roi de Saxe assistait au concert. Entre les deux parties, on lui adressa un discours pour le remercier d'avoir honoré la fête de sa présence, et cette allocution fut accueillie par des hourras très-sincères.

A neuf heures, le concert fut terminé pour recommencer de plus belle, les musiques militaires alternant avec les associations chorales pendant presque toute la nuit.

Il y avait à peu près un kilomètre de la place de la fête (*Festplatz*) à Dresde; des services d'omnibus et de bateaux à vapeur avaient été organisés pour faire ce trajet. Au lieu d'en profiter, je préférais de beaucoup m'en retourner à pied par de superbes boulevards, ornés à droite et à gauche de villas charmantes, toutes illuminées; mais, ce soir-là, je ne sais comment cela se fit, je fus brusquement enveloppé par une masse de chanteurs qui se précipitaient dans un omnibus vaquant (et ils étaient rares), et, à mon corps défendant, je fus installé un des premiers dans la voiture. On peut dire des omnibus de chanteurs ce que les anciens physiciens disaient de la nature, ils ont hor-

reur du vide; aussi, quand on y a fait en-
trer vingt voyageurs assis sur les ban-
quettes, on en met vingt autres assis sur les
premiers arrivés; puis on en fourre hori-
zontalement, couchés sur les autres, tantôt
en long dans le sens de la voiture, tantôt en
travers, les pieds ou la tête sortant par les
fenêtres, et c'est dans cette position, serré
de toutes parts et avec deux ou trois Allemands sur les genoux, que j'opérai mon
retour à Dresde.

IV.

Dès le matin du 24, la ville présentait
un aspect tout particulier; les rues étaient
pleines de gens qui allaient, venaient d'un
air affairé, les groupes étaient nombreux;
les chanteurs, reconnaissables à leurs décorations, se saluaient les uns les autres, et
quand ils étaient un certain nombre se ren-
contrant, ils se lançaient de joyeux hourras. Il y avait dans l'air quelque chose qui
impressionnait; l'on sentait qu'une imposante manifestation devait se produire.

L'émotion des jours précédents grandissait à chaque instant, et le bonheur débordait tellement de toutes parts qu'il semblait que l'âme surexcitée allait dépasser les sensations humaines !

C'est que dans quelques heures les chanteurs venus de tous les points de l'Europe devaient parcourir la ville en grande cérémonie. Le défilé des sociétés et des députations allait commencer ; il devait être le point culminant de la fête, car c'est dans ces spectacles que la foule peut le mieux témoigner ses sympathies et, il faut le dire, l'Allemagne a, pour ces circonstances, des éléments d'enthousiasme dont nous ne pouvons nous douter, nous qui prétendons sentir vivement.

Il y avait eu, comme les autres jours,

réveil en musique et grande répétition.

A dix heures, toutes les bannières déployées et les drapeaux flottants sortaient du Sængerhalle, dont ils avaient fait le principal ornement les jours passés, et se rangeaient sur trois énormes bateaux à vapeur qui les attendaient sur l'Elbe et devaient les conduire au centre de la ville pour le cortége.

Ordinairement chaque société a son drapeau, et les bannières ne sont que les insignes des associations. Ces bannières qui, dans les défilés, précèdent toutes les sociétés d'un même district, sont, pour la plupart, gigantesques ; il faut quelquefois six hommes pour en porter une ; elles sont entourées et défendues en quelque sorte par les hauts dignitaires de l'association qu'elles représentent, et chacun d'eux porte un insigne qui a sa signification : tantôt une masse dorée et emblématique, sorte de sceptre musical ; tantôt de riches *trînkhorns* (cornes à boire) qui font le tour du corps de celui qui les porte ; tantôt des cadres où sont placées, sous verre, les décorations de toutes les sociétés du Sangerbund (association).

Les trois navires chargés des bannières et des drapeaux firent majestueusement leur entrée dans la ville aux acclamations des curieux qui, pressés sur les quais et sur la superbe terrasse de Brühle, agitaient leurs mouchoirs et leurs chapeaux en signe d'allégresse.

Puis, chaque bannière alla prendre au défilé la place qui lui était assignée par le programme, et à une heure le cortége commença. Il était divisé en trois colonnes, et il peut être intéressant de reproduire ici au moins la composition de la première colonne, ce qui donnera une idée de l'ensemble. Je copie le programme :

1° Un maréchal de fête à cheval.

2° Les trompettes du régiment de cavalerie de la garde, en grande tenue (à cheval).

3° Un détachement de jeunes gens de la ville, à cheval, servant de garde d'honneur à la bannière tricolore allemande.

4° Un membre du comité du cortége.

5° Une division de gymnasiarques avec la bannière de leur société.

6° Le corps de musique de la compagnie des tireurs.

7° La compagnie des tireurs avec leur bannière.

8° Le corps de musique de Witting.

9° Des membres de la société d'escrime.

10° La garde d'honneur avec la bannière de la grande association des chanteurs de toute l'Allemagne.

11° Les invités d'honneur, les membres du comité de l'association des chanteurs allemands et des différents comités de la fête.

12° Des membres de la société d'escrime.

13° Le corps de musique du bataillon de chasseurs.

14° Les députations de chanteurs de Bergen, Berne, Bialystock, Buckarest, Chonoszez, Cilli, Helgoland, Hong-Kong, Lods, Lisbonne, Liverpool, Londres, Lyon, Madrid, Manchester, Milvankee, Paris, Saint-Pétersbourg, Philadelphie, Reval, Riga, Temesvar, Varsovie, Zurich.

15° Un corps de musique de la brigade du Prince royal.

16° (*a*) Sangerbund (association) d'Anhalt.

(*b*)   »   de Bade.

(*c*)   »   de Bavière.

(*d*)   »   de Berlin.

(*e*)   »   de Berlin (nouveau sangerbund).

17° Un corps de musique de la brigade du Prince royal.

18° (*f*) Sangerbund de Bohême.

(*g*)   »   de Brunswig.

(*h*)   »   de Bromberg.

(*i*)   »   de Cœslin.

(*k*)   »   de l'Elbe et du Ha-vel.

19° Le corps de musique de Mittweida.

20° (*l*) Sangerbund de l'Erzgebirg.

21° Le corps de musique de Puffholdt.

22° (*m*) Sangerbund du Mittel-Erzgebirg.

    (*n*)   »   du Nieder-Erzgebirg.

    (*o*)   »   du l'Ober-Erzgebirg.

    (*p*)   »   de Francfort.

    (*q*)   »   de Franken.

Les deux autres colonnes étaient encore plus considérables, et si l'on calcule que chaque Sangerbund se compose en moyenne de vingt sociétés, on aura une idée de l'importance du cortége.

A l'heure fixée, cette imposante masse s'ébranla au son de la marche de Dessau jouée par toutes les musiques militaires de la Saxe. Quand l'une avait terminé une autre recommençait, et toujours la marche de Dessau. En Allemagne rien n'est ridicule, parce que chaque action a sa portée et sa signification ; la marche de Dessau étant un air patriotique du pays, on a trouvé tout simple de ne faire jouer que cela aux 22 musiques du cortége pendant quatre heures qu'a duré le défilé, et ce que nous aurions appelé une *scie* était écouté comme une pieuse manifestation.

Et puis dans le bruit de la foule et de la marche cela s'entendait très-peu ; les hourras musicaux dominaient tout. Ces hourras sont composés de trois accords (tonique à l'unisson, dominante à trois parties et tonique à quatre voix), et ils sont employés par les sociétés chorales pour témoigner leur joie. Indépendamment de ce hourra populaire, chaque société a son hourra spécial qui sert de moyen de ralliement ; plusieurs sociétés avaient fait imprimer les leurs en partition sur de petits morceaux de papier que l'on distribuait à la foule ; alors chacun choisissant la partie qui convenait à sa voix, la foule entière chantait à première vue avec la société un petit chœur improvisé de 4 ou 8 mesures.

Et c'est au milieu de ces accords continus et jamais discordants que nous marchions, chantant nous-mêmes pour remercier, dans cette langue universelle qu'on appelle la musique, les habitants de l'ovation qu'ils nous faisaient.

Quel magique spectacle, en effet, nous avions sous les yeux ! A droite et à gauche les maisons surchargées de guirlandes, de banderoles de verdure, de fleurs et de drapeaux éclatants. A chaque fenêtre une masse de têtes souriantes dominées par des

mouchoirs qui s'agitent en signe de bienvenue, et par des bouquets qui jaillissent du centre des appartements pour retomber en pluie
sur les chanteurs. Les balcons richement
ornés sont garnis de belles et jeunes femmes
en grande toilette. Un proverbe dit qu'en
Saxe les jolies filles poussent comme l'herbe
sous les arbres ; il paraît que ce jour là on
avait fait une ample moisson, pour enrichir
les balcons de la ville de gracieux profils
et de frais visages. Et comme ces charmantes
femmes s'occupaient à nous être agréables !
quel entrain et quelle grâce, quelle suavité
et quelle animation ! Dans chaque regard
un sourire, dans chaque bouche un vivat,
dans chaque main une fleur, et fleur, vivat,
sourire, tout était pour nous !

Il faut bien dire que le mot *Lyon !* qui

s'étalait sur notre bannière nous attirait plus d'attentions et d'hommages que n'en recevaient les autres chanteurs. Etait-ce une gracieuseté de l'ordre alphabétique, était-ce une prérogative de la Cœcilia qui fait partie de l'association allemande, était-ce en souvenir de la façon dont les Lyonnais ont reçu les Prussiens pour le grand concours de 1864, était-ce en dédommagement de la longueur du voyage ? Quoi qu'il en soit la France avait la place d'honneur e Lyon avait le pas sur Paris. Et lorsque nous passions, les hourras redoublaient d'intensité, les bouquets tombaient comme la grêle, on jetait dans l'air de l'eau de Cologne qui s'évaporait instantanément en parfums délicieux et, nous pouvons le dire, le succès du cortége a été pour nous.

A mesure qu'on voyait s'avancer les envoyés de la France, chacun mettait en usage
ses connaissances dans la langue française
et les souhaits les plus chaleureux nous
étaient lancés en phrases plus ou moins cor-
rectes mais toujours très-compréhensibles.
Dans l'intention de nous être agréable, on
criait beaucoup : « Vive l'empereur ! »
Souvent ce cri était poussé avec une con-
viction touchante par quelque vieux gro-
gnard de l'ancienne légion saxonne, décoré
de la médaille de Sainte-Hélène et qui, à
notre vue, paraissait regretter le beau temps
de la *redingote grise*. Souvent, le souhait
qu'on nous adressait prenait l'importance
d'un manifeste; ainsi j'ai entendu crier :
« Vive Louis-Napoléon, le prince du progrès! « Des Polonais et des Hongrois nous

qualifiaient de « protecteurs des peuples. »
Etait-ce un reproche ou une prière ?

Sur la place du nouveau marché on avait dressé des estrades pour les curieux ; la place était couverte d'une foule compacte , les fenêtres étaient garnies de têtes depuis le rez-de-chaussée jusqu'aux mansardes et les toits surchargés de gamins. A l'arrivée du cortége, un hourra musical poussé par les sociétés fut répété par la foule immense et forma un accord tellement formidable qu'il me sembla que la voûte du ciel en allait éclater. Se figure-t-on bien deux cent mille personnes poussant , non pas un cri, mais un accord parfaitement juste ! C'est colossal !

Les cent jeunes filles vêtues de blanc et couronnées de chêne qui avaient présidé la veille à la bénédiction de la grande bannière, nous attendaient sur la place de l'Hôtel-de-Ville ; elles étaient disposées sur deux rangs au milieu de la foule et portaient des corbeilles pleines de fleurs qu'elles nous offraient avec la meilleure grâce du monde.

Je m'amusai à adresser la parole à toutes celles qui se trouvaient de mon côté et chacune me répondit en très-bon français.

Je suis persuadé que nombre de mamans françaises seraient scandalisées en lisant tous ces détails. Comment, les jeunes filles se mettent aux fenêtres pour sourire aux jeunes chanteurs ! Comment, les jeunes filles descendent dans la rue au milieu du peuple pour donner des fleurs aux jeunes gens et causer avec eux ! ! Je sais qu'en France on n'oserait pas faire cela et c'est pourtant ce qui donnait à la fête de Dresde un caractère tout spécial de courtoisie et de dignité. Sous prétexte de bonne tenue, nous isolons peu à peu les sexes, nous faisons des conférences de femmes et des assemblées d'hommes, et l'esprit de famille s'affaiblit. Ne craignons pas de nous retremper dans la naïveté patriarcale des mœurs allemandes. On ne comprend pas là-bas qu'un plaisir ne soit pas partagé par tous, femmes, filles, enfants et c'est là le plus sûr garant de la politesse et de la tenue qui président à toutes ces réunions. On me dira que la vue de ces belles enchanteresses peut avoir des dangers, eh, mon Dieu ! je ne dis pas. Plus d'un ténor, voire même plus d'une basse, doit, en fermant les yeux, revoir devant lui cette double rangée de blanches vierges et sentir son cœur battre au souvenir de cette ravissante revue que nous passions sur la place de l'Hôtel-de-Ville !... Mais, où est le mal ?

Hélas, le chanteur allemand ne vit pas seulement d'idées poétiques. Quatre heures de défilé sans boire ni manger ce serait rude, mais les Dresdois ont tout prévu. Laissant à leurs filles le soin de nous donner des fleurs et des parfums, de bons gros papas, le sourire aux lèvres, nous offraient des gâteaux et des verres de bière ; ces verres étaient en papier imperméable ; on les vidait tranquillement en marchant, après quoi on les pliait et on les mettait dans sa poche ; ils représentaient ordinairement des vues de Dresde et c'étaient de charmants souvenirs à emporter.

Bientôt le son des cloches et la grande voix du canon annoncèrent l'arrivée du cortége au Sængerhalle; à ce moment la queue du défilé était encore au cœur de la ville, il avait, par conséquent, trois kilomètres de long.

A 6 heures, commença le second grand concert. Mohr, Kretschmer, Tietz, Tschirch, Van Eyken et Rietz dirigèrent les chœurs de leurs compositions; Herbeck dirigea *la Nuit* de Schubert et un chœur de Reisziger; Rietz dirigea deux chansons, un chœur de Weber et *les Pélerins* de Kreutzer, qui eurent un succès énorme.

Les solos étaient faits par deux cents chanteurs de Vienne, Prague, Teplitz, Berlin et Hanovre.

L'exécution me parut meilleure que la

veille, ce qui prouvait que les chanteurs avaient pris l'habitude de cet ensemble étourdissant.

Comme la veille, après le concert, un autre concert recommença qui dura jusqu'à minuit.

Ce soir-là, grâce à l'entrain du défilé, on était devenu plus communicatif. On s'abordait pour se demander d'où l'on était; au milieu de cette confusion de nationalités, il était intéressant de se renseigner. Je m'assis pour boire à une table et je me trouvai, moi, Français, avec un Russe, un Hongrois, un Holsteinois, un Américain, un Polonais, un Saxon, un Prussien, etc., et l'on s'embrassait comme du pain, sur la bouche, l'usage le veut ainsi; et l'on buvait dans le verre les uns des autres, c'est l'usage encore; et l'on criait ensemble : « vive l'Allemagne unie et libre ! » toujours une question d'usage. Mais l'on était bien heureux, je vous en réponds, et les scènes de ce genre restent gravées pour toujours dans la vie d'un homme.

En me dirigeant, au milieu de la nuit, du côté de mon logement, j'entendis la fanfare de Schneeberg, et je m'arrêtai pour l'écouter. C'est la seule musique instrumentale, à part les musiques militaires, qui ait été admise au cortége. Cette société se compose de quinze montagnards qui, avec des planchettes de sapin et des ficelles, se sont confectionné des instruments excessivement harmonieux. Chacun de ces instruments n'a que cinq notes et il a fallu créer une famille complète pour donner l'étendue de deux ou trois octaves. Les plus petits de ces instruments sont de la grandeur d'une clarinette, et les basses ont jusqu'à quatre mètres de long; aussi, quand les joueurs marchent, ils se mettent sur quatre rangs, les basses derrière, et de cette façon le même instrument est porté par quatre hommes. J'ai trouvé ces détails très-caractéristiques; ils montrent à quel point le peuple allemand est musicien-né, car voilà des gens qui, au milieu des forêts et avec des ressources vraiment illusoires, se sont formé un orchestre parfait et qui jouent des airs des meilleurs compositeurs. Il est vrai que tout Allemand qui sait lire sait chanter et déchiffrer la musique, et que, quand il s'organise en société musicale, il n'a aucune de ces études arides et rebutantes qui accueillent nos ouvriers de campagne désireux de faire de la musique.

CINQ JOURS A DRESDE.

Juillet 1865.

———

V.

Le 25 juillet fut pour nous la journée des rendez-vous manqués.

On se souvient que nous étions logés aux quatre coins de la ville; aussi nous avions soin de nous réunir chaque matin à un endroit désigné; mais il suffisait de l'absence ou du retard de l'un de nous pour tout déranger. D'abord, on attendait le retardataire puis, on perdait patience, on allait au-devant

de lui; pendant ce temps, il arrivait au rendez-vous par un autre chemin, et, n'y trou-
vant personne, il s'informait, cherchait à
suivre nos traces et nous perdait complètement. De notre côté, nous allions jusqu'au
domicile de celui qui nous avait perdu, et
là, on nous apprenait qu'il était parti pour
nous rejoindre; alors, pour être plus sûrs
de ne pas le manquer, nous retournions au
point de ralliement en prenant chacun un
chemin différent. Le résultat de cette ingénieuse combinaison était que chacun de
nous s'égarait et renonçait définitivement
à retrouver ses camarades. C'est ce qui
nous arriva ce jour-là.

Pourtant, à midi, nous devions nous retrouver au jardin zoologique où le comité
organisateur de la fête nous avait invités à

déjeuner. L'on voit par là que cet établissement n'est pas exclusivement destiné à la nourriture des animaux rares qui en font l'ornement et qu'il s'y trouve de fort bons restaurants. De plus, ce jour là, plusieurs orchestres militaires devaient s'y faire entendre.

Je trouvai là tous mes camarades moins un : je trouvai les orchestres militaires : je trouvai aussi les animaux, qui déjeunaient pour la plupart de fort bon appétit, mais je ne trouvai pas trace du comité organisateur.

Aucun déjeuner n'avait été commandé par lui dans les restaurants du jardin, et assez inquiets sur le sort de nos estomacs, nous attendons les événements.

Mais les événements ne venant pas plus

que le comité, nous prenons le parti de déjeuner sans lui. Aussitôt, un cri part de la
cuisine et se répète de table en table jusqu'à
nous : « Il n'y a plus que des saucisses ! »
Va pour des saucisses, pensons-nous, lorsqu'au même instant un second cri tout à fait
terrifiant par sa signification part du restau-
rant : « Il n'y a plus rien !!! » Les assistants
consternés répètent avec stupeur : « Il n'y
a plus rien ! » et, grâce au silence qui suivit
cette désolante nouvelle, on put entendre
ces mots, répercutés par les échos de l'immense jardin, se perdre peu à peu dans le
lointain

Les vivres eux-mêmes manquaient au
rendez-vous !

Sur ces entrefaites, M. Waitz aperçut Fr.
Reichel, membre du comité et compositeur

du hourra musical de la fête. Je ne l'avais pas vu depuis six ou sept ans que j'étais venu à Dresde pour recevoir ses conseils comme musicien, et j'avoue que j'eus beaucoup de peine à le reconnaître; lui en eut encore plus à me remettre, et, après nous être bien embrassés et attendris sur notre longue séparation, j'apprends que je n'ai pas du tout à faire au Reichel que je pensais, que mon ancien professeur a eu tellement peur du bruit de la fête qu'il s'est sauvé à la campagne pour éviter ce déluge musical, et que le Reichel que j'ai sous les yeux ne m'a jamais vu de sa vie.

C'est égal, la connaissance se fait et il nous met au courant de la grande séance qu'a eue le comité et qui l'a empêché de penser à déjeuner ce jour-là.

Alors, pour en finir avec cette famine du jardin zoologique, nous prenons une voiture et nous allons à la fameuse brasserie de Vald-Schlossen qui domine, comme je l'ai dit, toute la cité provisoire du Sængerhalle.

Cette brasserie est énorme; elle a surtout des caves colossales qui creusent la montagne en tous sens. On a eu l'idée, pour la circonstance, de transformer ces vastes salles souterraines en restaurants; on les a badigeonnées de blanc, parées de vertes guirlandes, et, pour égayer les consommateurs, un des premiers caricaturistes du pays a dessiné sur les murs, de grandeur naturelle, de délicieuses pochades qui rappelleront pour toujours, aux habitants de Dresde, les épisodes les plus comiques de leur grande réunion de chanteurs.

Un orage éclata et les caves furent enva-
hies par la multitude des chanteurs. Alors
s'éleva un vacarme indescriptible : les voix
allemandes, toujours sonores, étaient réper-
cutées à l'infini par les voûtes surbaissées,
chacun criant d'autant plus fort qu'il ne
s'entendait pas lui-même; les garçons, inter-
pellés de toutes parts par cette foule altérée
et mouillée qui se précipitait sans cesse dans
les profondeurs caverneuses de la brasserie,
étourdis, ahuris, perdaient la tête. Quelquefois un chœur éclatait et dominait tout;
à chaque accord attaqué vigoureusement la
flamme des lampes s'éteignait presque et la
mesure était marquée par des alternatives
d'ombre et de lumière vraiment fantasti-
ques.

Je m'amusai à parcourir les énormes couloirs voûtés; quelques-uns étaient à peine éclairés, mais l'on voyait dans l'ombre le reflet des verres à bière ainsi que la monture en étain des chopes, et le nombre en était si considérable que, sans oser s'engager dans ces profondeurs noires, on devinait qu'elles étaient combles de buveurs pressés et bruyants.

Au fond d'une des salles, j'aperçus les petites casquettes bleues des étudiants de Leipsig; nombreuses et serrées les unes contre les autres, elles formaient comme un lac d'azur au milieu de la foule brune. L'Université de Leipsig, une des premières d'Allemagne, est installée dans les bâtiments d'un ancien couvent consacré à saint Paul; aussi elle a pris pour devise : « *Vivat Paulus!* » et les étudiants s'appellent *Pauliners*.

Comme toutes les associations allemandes,
les Pauliners sont organisés en société de
chant, et c'est à ce titre qu'ils se trouvaient
à Dresde; ils ont même un répertoire spécial composé par Mendelsohnn, Kreutzer,
Becker, Langer, etc., qu'ils ne doivent
communiquer à personne ; on peut dire
qu'ils ont le monopole de l'exécution de
certains chefs-d'œuvre. C'est Langer qui les
dirige maintenant.

Ils étaient beaux à voir avec leurs redin-
gotes en velours noir à brandebourgs, leurs
culottes blanches rehaussées par des bottes
à l'écuyère, leur écharpe en soie blanche et
bleue qui, portée en bandoulière, soutient
leur épée à large poignée; je m'en approchai.

Comme on leur dit que j'étais Français,
ils voulurent être polis; ils furent char-

mants. Ils me donnèrent leur décoration distinctive, ce qui était un grand honneur, et, m'embrassant sur la bouche, ils me firent promettre d'aller les voir à Leipzig en m'en retournant. Pour les remercier, je leur offris une des médailles commémoratives du concours de Lyon; on y a représenté la ville entourée d'attributs musicaux et tenant un rameau d'olivier; tout autour se déroulent ces mots latins :

Pax sequitur Musas, populos lyra fœdere jungit.

Ce vers leur plut beaucoup et les fit réfléchir. Il ne pouvait pas venir plus à propos.

Je rejoignis Reichel qui devait nous faire assister à une petite cérémonie assez intéressante. La députation américaine de New-York devait faire présent de son drapeau au

Liedertafel de Dresde, excellente société chorale que Reichel dirige. Je le trouvai entouré de tous ses chanteurs ; chacun avait avec lui sa femme, sa sœur ou sa fiancée. On se forma en cortége en se tenant par la main, hommes et femmes, sur huit de front, et l'on partit au-devant du présent américain. En route, nous rencontrâmes une musique militaire qui venait de jouer dans le Sængerhalle ; on l'arrêta au passage, et quand elle sut de quoi il s'agissait, elle se mit gracieusement en tête de notre petite caravane en jouant des pas redoublés. Une escouade de gymnasiarques qui se trouvait là se plaça en escorte, à droite et à gauche ; la foule au loin suivait par derrière, en grossissant à chaque instant, et le cortége devenait imposant. J'admirais avec quelle facilité et quelle simplicité tout s'organisait, sans ordres donnés, sans préparatifs, sans cohue, avec le seul désir de bien faire.

On fit halte derrière le palais des chanteurs, et le drapeau rayé rose et blanc, constellé dans un coin d'étoiles d'or sur un fond bleu, fit son apparition aux acclamations des membres du Liedertafel. L'Américain qui le portait fit un discours en allemand, et je compris, aux frémissements de la foule, qu'il parlait de liberté ; je crois, ma parole, que l'orateur, oubliant que la guerre avait failli l'empêcher de venir à la fête, voulait faire croire à l'assemblée qu'on n'était libre que de l'autre côté de l'Atlantique. Quand il eut fini, il remit l'étendard à Reichel qui répondit, ainsi qu'un membre du comité. Ce diable d'allemand n'est pas facile à comprendre, je vous en réponds, mais je commençais à être assez familiarisé avec les idées de ceux qui m'entouraient pour deviner que, dans ces discours, on parlait beaucoup de l'union américaine et de l'union allemande; mais ce qui vous étonnera, c'est que l'union allemande enviait l'union américaine. On n'est jamais content de ce que l'on a!

Nous convînmes entre nous, pour éviter les allées et venues du matin, que pour ce jour-là notre point de ralliement serait la bannière de New-York, qui ne devait pas quitter le Liedertafel de la soirée. Et tous ensemble nous allâmes l'installer contre une table, dans un coin du Sængerhalle. Une demi-heure après, on la montait dans les galeries pour pouvoir mieux jouir du coup d'œil. Une demi-heure plus tard, elle redescen-

dait parce que la pluie avait formé des gout-
tières qui la mouillaient. Puis, envahie par
la foule, elle se retirait dans une buvette et
ainsi de suite, pendant toute la soirée. Inutile de dire combien ces promenades nous
embrouillaient et combien il nous était diffi-
cile de nous rejoindre, dès que l'un de nous
s'était écarté. Aussi, je pris le parti d'y re-
noncer et de jouir tout seul de la fête.

Je me souvins que la Teutonia de Paris
nous avait donné rendez-vous dans un des
restaurants de la Festplatz. J'y allai et je
ne trouvai à l'endroit indiqué que des siéges
vacants et des verres vides. Ces messieurs
venaient de partir. C'était encore un rendez-
vous manqué! Je retournai au palais des
chanteurs.

On s'était dit à l'oreille que ce soir là on

danserait dans le Sægnerhalle. Les jeunes filles, malgré le mauvais temps, avaient mis de fraîches toilettes, et les orchestres militaires jouaient des valses et des quadrilles; mais la foule trop compacte ne permit pas aux danses de se former.

Tout d'un coup, un grand silence se fit et un superbe chœur, composé et dirigé par Otto, fut exécuté d'une manière splendide. Puis, une jeune fille, montant sur l'estrade du chef d'orchestre, prononça le discours d'adieu. Sa voix douce et sonore se faisait entendre dans tous les points de la salle; elle commença avec simplicité, mais s'animant, elle trouva des accents nerveux et passionnés qui transportèrent l'auditoire. Et quand elle eut terminé, quel hourra! Les drapeaux qu'on avait descendus dans la salle se balancèrent en signe de salut, les mouchoirs s'agitèrent et les chapeaux qui, depuis cinq jours, étaient ornés de feuilles de chêne, emblème de l'Allemagne, vacillèrent au bout des bras levés en l'air, comme des branches sous le vent. Alors le canon gronda au loin et les énormes cloches du Sængerhalle sonnèrent à grande volée.

Aussitôt, par un mouvement spontané, tout le monde entonna le magnifique chœur de Mendelsohnn « *Adieu!* » Il n'y avait plus de public; tout le monde chantait. Ce chœur est en mi bémol, mais, comme les cloches étaient en ré, instinctivement on prit le ton de l'airain qui faisait vibrer l'air, et jamais morceau de chant plus formidable ne fut accompagné d'une manière plus grandiose.

Les chapeaux frémissaient toujours au-
dessus des têtes, les drapeaux ondulaient,
le canon répondait aux voix, les grosses cloches poussaient comme des rugissements
de bonheur. Et sur cette foule palpitante
une jeune fille, toute en blanc, dessinait
sa gracieuse silhouette et paraissait être
l'ange de l'harmonie réunissant les hommes.

Oh! quel enthousiasme! Bénie soit la
musique qui peut procurer de pareilles sensations! Je me souviens que lorsque le
chœur immense répétait en pianissimo :
« Lebe wohl! » (Adieu), les pleurs jaillis-
saient des yeux.

On fut longtemps à se remettre de cette
émotion; on se pressait les mains, on s'embrassait, on suffoquait de joie. Volontiers, on

eût recommencé le chœur, mais c'est à peine si l'on pouvait parler.

Dans le va et vient de la fête, je heurtai un jeune étudiant de Dresde portant la casquette violette. Je m'excusai de mon mieux en français et voilà un homme qui me saute au cou, enchanté de pouvoir témoigner sa sympathie à un étranger. Cela n'avait rien de bien étonnant, il y avait cinq jours que j'assistais à de pareilles scènes. Mais il n'en resta pas là ; il parlait fort bien français, et me voyant isolé au milieu de tout ce monde, il ne voulut pas me quitter de la soirée. J'eus tout d'un coup un ami d'un dévoûment sans bornes. Et je n'exagère rien ; grisé par l'enthousiasme, il me disait : « Je voudrais avoir une occasion de me jeter dans l'Elbe pour vous ! »

Les musiques se remirent à jouer des airs de danse, et tous les jeunes gens, pour faire évacuer une partie de la salle, se placèrent les uns derrière les autres, chacun appuyant ses mains sur les épaules de son devancier ; ils formèrent ainsi un grand ruban barriolé de casquettes de toutes les universités et qui se déroulant en zigzag, finit par refouler le monde. Mais quand ils voulurent aller chercher leurs danseuses, la foule comprimée reprit sa place et ce fut à recommencer.

Après trois essais infructueux, les jeunes gens prirent le parti d'offrir simplement le bras aux jeunes filles et de se promener en procession dans toutes les parties de la salle. On aurait dit un grand serpent qui se roulait dans les coins, traversait le plancher, montait aux galeries et redescendait le long des estrades.

Mon jeune étudiant me mena sur le passage des promeneurs, et tout fier de son compagnon, il me montrait à ses amis, en disant : « C'est un Français ! » Alors on me serrait les mains, les jeunes filles souriaient gracieusement et les Pauliners qui me reconnaissaient m'embrassaient au passage.

Et cette effusion dura toute la nuit. Aussi lorsque mon nouvel ami me reconduisit jusque chez moi, tout ému encore de ce que j'avais vu et entendu, je fredonnais cette traduction que j'ai faite d'un chœur de Spohn, chanté il y a un an, par mille voix, au festival de Rastadt :

> Il faut chanter ; que nos accords
> Forment une harmonie !
> Il faut chanter. On sent alors

Une extase infinie.
L'esprit s'élève, on a la foi
 Dans ce bonheur suprême.
Puissance harmonique, par toi
 L'on s'écoute et l'on s'aime.

Avec nos voix chantent nos cœurs
 Sous une douce étreinte.
Elle a su chasser les douleurs,
 Cette musique sainte...
Et les chagrins tous à la fois
 S'en vont ; le bonheur reste.
Ivresse divine, la voix,
 C'est la harpe céleste.

Pourquoi nos cœurs sont-ils émus
 A ces chansons bénies ?
Pourquoi ces pleurs mal contenus,
 Quand nos voix sont unies ?
Quels doux transports ! D'où vient ce feu
 A la vivante flamme ?
— Ecoute, ce souffle, c'est Dieu
 Qui fait vibrer notre âme.

VI

La matinée du jour suivant fut employée
à des visites indispensables. Bien entendu
la fête était l'unique sujet de conversation.
Ce qu'on admirait surtout, c'était l'ordre, la
décence et la tranquillité qui avaient régné
durant ces cinq jours. Le docteur Held,
président du comité, m'apprit qu'il n'y avait
eu ni dispute ni ivrogne et, ce qui est plus
fort, ni voleur pendant toute la fête ; la police n'avait pas eu une seule arrestation à
faire.

Mais aussi, sait-on bien qui avait maintenu l'ordre au milieu de cette agglomération énorme d'individus? Croit-on par hasard qu'on avait fait venir de nombreux régiments de soldats pour contenir la foule, et que ce fut à coups de crosses de fusil et à grand renfort de cavalerie que l'on a évité les encombrements et les empiétements du public? On aurait tort de le croire.

S'imagine-t-on peut-être que de nombreux sergents de ville éparpillés parmi le peuple retenaient ceux-là, dirigeaient ceux-ci, interpellaient les uns, bousculaient les autres, comprimaient les masses et traversaient les rangs? Rien de tout cela ne se faisait à Dresde.

Suppose-t-on que des pompiers enrégimentés ou quelques gardes nationaux de bonne volonté avaient mission de faire respecter la tranquillité publique ? Non, la garde nationale est une institution dont l'Allemagne n'a pas le bonheur de jouir, et quant aux pompiers de Dresde, recrutés parmi les jeunes gens des meilleures familles de la ville, ils sont trop préoccupés de leur unique rôle de sauveteurs pour s'amuser à jouer au soldat.

Il y avait alors, dira-t-on, des commissaires nommés par le comité organisateur et qui sous la sauvegarde d'une rosette distinctive pouvaient tout ordonner, tout diriger. Ce n'est pas encore cela.

La police de cette fête colossale avait été confiée à des enfants de douze à seize ans ! Six cent mille personnes l'ont vu et peuvent le certifier.

Tout jeune Allemand de douze à treize

ans entre dans une société de gymnastique. Là, toutes les fortunes, toutes les éducations, toutes les religions sont confondues, et grâce à la surveillance des chefs, tous gagnent à ce frottement. Dans ces sociétés de *Turners* (mot allemant qui rappelle les tournois d'autrefois), on développe non-seulement le corps de l'enfant, mais aussi son âme; il y suit, par les conseils et les exemples qu'on lui donne, un cours complet de morale pratique; on lui apprend à être beau et fort; on lui enseigne à être honnête et vertueux.

Chaque *turner* porte une ceinture rouge et noire sur laquelle on a brodé en jaune quatre F, représentant les initiales de quatre mots : *frisch, fromm, frœhlich, frei,* qui peuvent se traduire par les substantifs : SAN-

TÉ, VERTU, GAITÉ, LIBERTÉ. Peut-on trouver un programme plus parfait? Peut-on imaginer une ligne de conduite plus recommandable et plus touchante?

Mais le beau de l'affaire c'est que ces enfants prennent leur devise à la lettre. Ils ont la ferme volonté d'acquérir toutes ces qualités dont les initiales resplendissent en lettres fulgurantes sur leurs poitrines. Ils aspirent à devenir parfaits, et insensiblement ils y arrivent.

On comprend que des gens qui prennent au sérieux un tel enseignement inspirent une confiance entière et l'on n'avait pas hésité à leur confier la surveillance de la grande fête des chanteurs. Ils en ont eu toute la responsabilité et en ont assuré le succès.

On leur avait appris à commander avec
politesse et à obéir avec confiance; on leur
avait appris à être dévoués pour les faibles
et à ne pas craindre les forts ; on les avait
dressés à toutes les manœuvres qui deman-
dent de l'ensemble, de la précision et de la
vigueur ; ils savaient courir sans souffler et
ils se portaient presque instantanément d'un
point à un autre point de la grande ville. Il
fallait les voir, vingt à la fois, se tenant par
la main et tournant le dos à la foule, former
en un clin d'œil une barrière infranchissa-
ble : car, je vous le demande, qu'est-ce que
la populace aurait osé faire contre ces enfants? et puis il ne fallait pas trop se fier à
leur faiblesse apparente ; réunis ils étaient
forts, et lorsque les masses tentaient d'en-
vahir la limite qu'ils avaient tracée, campés

sur leurs talons ils se couchaient sur les curieux et les refoulaient bon gré mal gré ; si une ligne de *turners* était insuffisante, une autre venait se placer en mettant les dos appuyé sur les bras réunis de la première ligne, et tous ces petits membres devenaient irrésistibles.

En voyant tant de courage et d'abnégation on se prenait de pitié pour ces pauvres petits qui sacrifiaient tous leurs plaisirs à un service pénible et ingrat.

— Laissez donc faire la foule, leur disait-on, prenez votre part de la fête, quittez la cohue et allez entendre les concerts.

— Nous faisons notre devoir, répondaient-ils.

Ils n'avaient aucune de ces consignes bêtes dont on abuse dans ces sortes de fêtes et qui entravent plus qu'elles n'aident. Leur seul mot d'ordre était un dévoûment complet pour leurs hôtes, les chanteurs. On avait compté sur leur intelligence pour improviser, selon les besoins, les escortes, les haies et toutes les mesures instantanées de police.

Dès que leur service leur laissait quelque répit, ils se promenaient par la ville, cherchant à être utiles aux chanteurs dépaysés.

J'en rencontrai à deux heures du matin, reconduisant chez eux, par une pluie battante, les étrangers égarés.

— Allez vous reposer, leur disais-je, votre travail recommencera rude et fatigant demain matin; ménagez vos forces; allez vous reposer.

— Nous faisons notre devoir !

C'était leur réponse à tout.

Et ce n'est pas sans émotion que je me rappelle tous ces détails. Je voyais réalisé un de ces problèmes sociaux qu'on ose à peine rêver. Eh quoi! voilà des hommes, que dis-je, des enfants, que ne dirigent ni la crainte d'un châtiment, ni l'appât d'une récompense et qui remplissent leur mission comme des sages ? Mais c'est donc vrai ! On peut donc obtenir le bien sans mettre au cœur de l'adolescent ce mauvais sentiment qu'on appelle émulation, amour-propre, et qui n'est que de l'égoïsme déguisé? On peut donc être vertueux pour le seul plaisir de l'être, avoir les qualités les plus nobles pour la seule joie de les posséder ? On peut donc vivre en homme parfait sans cet attirail de punitions et de distinctions honorifiques qui vous rendent honnête par peur et sage par envie ?

Oui, on le peut! Voilà tout un peuple d'enfants qui nous en fournit la preuve. Et, lorsque ces enfants auront grandi, quels hommes ils feront!

Ah! Français, mes bons amis, soyez fiers de voir les autres nations imiter la forme de vos habits et le système de vos canons rayés.

Réjouissez-vous de vous entendre appeler le peuple le plus spirituel de la terre.

Continuez à croire que vous marchez à la tête de la civilisation.

On vous le dit assez pour que vous n'ayez aucun doute à cet égard.

Et un beau jour, vous vous réveillerez en retard d'un siècle sur tous les peuples qui vous entourent.

Et ce sera bien fait, car vous ne vous serez donné aucune peine pour sortir de la nullité morale où vous vous plongez tout doucement.

Sachez regarder autour de vous et reconnaître ce que les autres ont de meilleur. Le premier pas vers la perfection est de constater que l'on n'est pas parfait.

Il faut pourtant que je m'arrête dans mon dithyrambe. Je n'aurais jamais cru que ces petits gymnasiarques m'auraient mené si loin.

Dans l'après-midi un orage formidable fondit sur la ville. L'ouragan fut si violent que plusieurs énormes tilleuls, deux fois centenaires, furent déracinés tout près du Sængerhalle. Quant au solide palais de sapin, malgré son apparence fine et délicate, il résista parfaitement; pas une planche ne fut enlevée, pas une tourelle ne broncha.

J'avais été invité, pour le soir, à un bal que les Pauliners devaient donner dans une des superbes salles de concert que possède Dresde.

J'arrivai de bonne heure, pensant être des premiers, et quand j'entrai la salle était comble. Je m'attendais à voir danser; ah bien oui! Chaque famille était groupée autour d'une table, buvant de la bière et mangeant des saucisses. Sur une sorte de théâtre les étudiants, dirigés par Langer, chantaient des chœurs avec la plus grande perfection; c'était charmant, mais ce n'était pas un bal. Les toilettes étaient fort simples, les habits noirs se comptaient et paraissaient très-malheureux. La corne d'honneur des

Pauliners, pleine d'une bière succulente, circulait de mains en mains, et chaque jeune fille y trempait ses lèvres.

C'est là qu'on me présenta à la jeune personne qui, au milieu de l'enthousiasme avait prononcé la veille le discours d'adieu. Je lui trouvai une si touchante simplicité que j'eus toutes les peines du monde à me la figurer haranguant une multitude.

Et pourquoi, avec son caractère doux, aurait-elle redouté le rôle qu'on lui avait assigné? En Allemagne le public est paternel et le ridicule n'a jamais de prise sur les grandes actions. Avis aux moqueurs gaulois qui souvent arrêtent par leurs plaisanteries des plus généreux efforts.

3 *

VII.

Le 27, au matin, après avoir pris congé
de mes compagnons de voyage, je partis
tout seul pour Berlin. Mais j'étais loin d'être
isolé dans un train tout plein de chanteurs.
C'est étonnant comme en cinq jours les
connaissances s'étaient vite faites; il n'y
avait pas là un visage inconnu et l'on s'apos-
trophait gaîment tout surpris qu'on était
d'avoir tant d'amis intimes dont on ne sa-
vait pas même les noms.

Je passai la soirée à Berlin avec mon ami

Paul Lindau qui initie les Allemands aux beautés de la littérature française et qui s'est particulièrement voué au culte de Molière.

J'allai avec lui dans un jardin où l'on faisait de la musique et j'y entendis *la polka de l'enclume*, que Parlow dédia à Mme la maréchale Canrobert, lors du concours musical de Lyon. Je me trouvais en musique de connaissance.

Le lendemain je retournai à Leipzig, où je devais passer la soirée avec les Pauliners. Je retrouvai là M. Waitz, et c'est avec lui que je me rendis à l'invitation des étudiants.

Chaque université allemande forme une espèce de franc-maçonnerie. Les étudiants ont une foule d'emblèmes, de coutumes,

d'usages qui sont fort intéressants. Ce soir-
là je fus initié à toutes ces formules qui
n'ont rien de bien terrifiant, mais qui sont
fort curieuses. Il serait long de les énumérer
ici et il suffira de constater que je sortis de
la réunion portant sur la tête la petite casquette bleue percée au centre par un coup
d'épée, et que je savais l'art de combiner
la clé de *sol* avec la clé de *fa,* de telle façon
que cela forme un V et un P enchevêtrés
(*Vivat Paulus*).

De nombreux toasts furent portés durant
cette soirée, mais il en est un que je dois
signaler, car il prouve à quel point les jeunes
Allemands se préoccupent du mouvement
intellectuel en France. Les étudiants ont bu
à la santé de celui qui veut que l'on fasse
des hommes plutôt que des bacheliers, de

celui qui veut que l'ignorance soit poursuivie comme un crime, de celui qui a décidé que l'enseignement musical ferait partie de l'éducation des écoles, de M. Duruy, en un mot.

La nuit était avancée quand nous nous retirâmes, et, fort animés par l'enthousiasme et la bière, nous étions bruyants. La ville avait l'air de nous appartenir, nous ne tenions nul compte des gens paisibles qui dormaient; aussi, un veilleur de nuit qui nous entendit à l'autre bout de la rue, s'avança rapidement de notre côté en nous criant de nous taire.

Aussitôt les jeunes gens s'assirent en rond, par terre, sur le pavé. L'un d'eux se plaça debout, au milieu, et une canne à la main il fit le simulacre de diriger un chœur.

Tous les autres, ouvrant la bouche large et remuant les lèvres, imitaient des chanteurs attentifs, mais aucun son ne sortait de leur poitrine; c'était un chœur mimé.

Le veilleur de nuit tendant l'oreille au milieu de ce grand silence, paraissait fort interloqué. Il n'avait pas un mot à dire, on ne faisait pas le moindre tapage; mais fort inquiet sur son propre compte, il se demandait, à part lui, si par hasard il n'était pas subitement devenu sourd. Enfin il prit le parti de s'en aller en grommelant.

Pour nous, nous continuâmes notre chemin et à chaque veilleur de nuit qu'on rencontrait, la plaisanterie recommençait. Puis, après nous être embrassés, bien pressés poitrine contre poitrine, bien baisés à la mode germanique, après de vigoureuses

poignéesd e mains, après de longues et formidables étreintes, chacun s'alla coucher.

En me réveillant au matin, je me sentis
tout courbaturé et moulu comme si l'on
m'avait roué de coups ; mes mains meur-
tries ne pouvaient plus s'ouvrir et mes bras
endoloris ne pouvaient plus remuer. Je me
crus malade. Mais je réfléchis que c'était
la conséquence de l'affection que m'avaient
témoignée les étudiants en prenant congé
de moi.

Je plaisante, mais je ne puis me rappeler
ces instants passés à Leipzig, sans être ému
profondément et je puis dire que les Pauliners ont gardé une large part de mon
amitié.

En quittant mon hôtel, j'en retrouvai qui
montaient la garde devant la porte en nous

attendant. Après une promenade faite ensemble dans le jardin qu'on appelle : « la vallée des roses, » probablement parce qu'il n'y a pas de roses, ils nous accompagnèrent jusqu'au chemin de fer que nous prenions pour revenir directement à Lyon.

Et, de retour en France, je me demandai si, nous aussi, nous ne pourrions pas avoir de ces grandes fêtes qui élèvent l'âme et perfectionnent le cœur.

Pourquoi pas ? je sais bien qu'avant tout il faudrait être musiciens et que c'est à peine si nous bégayons la musique chorale. Mais, qu'importe ; si nous nous sommes laissé devancer d'un demi-siècle par nos voisins, nous savons faire des pas de géants et ce que nous avons réalisé depuis quelques années, nous fait voir ce que nous pouvons faire encore.

Il est incontestable que la musique a pris en France un développement subit et formidable. Chaque clocher de village abrite au moins un orphéon ou une fanfare; les fêtes musicales se multiplient et réunissent de nombreuses sociétés; ce mouvement artistique qui se produit parmi les masses est un exemple de ce que peut chez nous l'initiative individuelle, lorsqu'elle est inspirée par une pensée pratique et élevée et qu'elle répond à un besoin véritable.

Mais, au bout du compte, quel mobile a été employé pour ce progrès? L'amour-propre, l'orgueil.

Toujours ce mauvais sentiment avec lequel on nous conduit. On a organisé des concours où les sociétés les plus habiles devaient recevoir des médailles et, dans l'espoir d'obtenir cette distinction, les orphéons se sont créés partout et sont accourus devant les jurys des concours. Puis, les sociétés vaincues se sont désorganisées et, souvent, les victorieuses n'ont pu survivre à leurs succès.

Ce serait presque le cas de faire un traité complet sur les fêtes musicales de France, mais malgré tout ce que j'aurais à dire à ce sujet, il faut savoir se borner et je m'arrête pour conclure.

La musique, telle qu'elle est instituée parmi nous, est un véritable rocher de Sisyphe qui, s'écroulant sans cesse, doit toujours être remonté à nouveau au haut de la montagne. Les sociétés se créent vite et se désorganisent encore plus facilement. Et ce sera ainsi tant que l'art musical ne fera pas partie de l'éducation des enfants, et ce sera ainsi tant que l'on fera de la musique par envie, presque par méchanceté, tant que l'on fera de la musique les uns *contre* les autres et non les uns *avec* les autres.

Ne craignons pas d'imiter servilement ceux qui ont réussi. Soyons musiciens par plaisir et non par orgueil, de même que les jeunes Turners sont vertueux par amour du devoir.

Considérons les concours comme un mal nécessaire qui fait surgir les associations artistiques de tous les points de notre pays, mais ne les regardons pas comme un résultat définitif et comme l'idéal des fêtes de chanteurs. L'Allemagne a eu ses concours, elle y a renoncé.

Introduisons la musique dans la famille et laissons la famille pénétrer dans la musique.

Réunissons les sociétés chorales dans des ensembles de voix.

Créons des professeurs.

Formons des associations de départements ou de provinces.

Etouffons les rivalités d'homme à homme, de société à société.

Faisons de l'art choral un sacerdoce. Et quand nous aurons pu réunir les peuples autour de la baguette d'un chef d'orchestre, nous pourrons être fiers, car nous aurons bien mérité de l'humanité.

A l'ouvrage donc, et travaillons tous à ce beau résultat.

FIN.

LYON

IMP. D'AIMÉ VINGTRINIER

9 782019 945633